In Praise of
Pastoriza Iyodo's works

"Pastoriza Iyodo avails himself with a wide array of rich, erudite language that connects time, history, memory, love of land and nature, devotion to the ancestors whose imprints on the earth marks it eternal ability to sustain man beyond his suffering. The world that man experiences is infused with not just enthralling beauty, but the supernatural and the marvelous in the world of the real and the world of love, -love of mankind, love of music, while all the time appealing to us embrace the beauty of love and music and to "let the music play."

- Paulette A. Ramsay, Ph.D. The University of West Indies and author of *Afro-Mexican Constructions of Diaspora, Gender, Identity and Nation*

"Poemas cortos con alma. Así se podría llegar a una primera definición de la obra del puertorriqueño Benito Pastoriza Iyodo. Pero uno tras otro, los versos descubren sensaciones nuevas, diferentes, pero que trasmiten imágenes vibrantes cuando las palabras van adquiriendo su significación conjunta en español, en inglés o en ambos idiomas alternados. Pastoriza Iyodo rompe convenciones y se atreve a mirar desde otra perspectiva, con fuerza de voz interna que lucha por hacerse escuchar y lo logra. Para ello no recurre a complicados giros del lenguaje, sino que se nutre de vocablos cotidianos, trayendo a la memoria objetos, situaciones, momentos que se recrean en la mente con asombrosa simplicidad y a la vez manifestando toda la belleza de la poesía contemporánea."

- Paula Santillí, *Libros, El Nuevo Día, Houston Chronicle*

*"A tour de force, **hominis aurora** sings in various tongues of the pulsating, embodied dawn of humanity. Never more necessary than today, when we too, shall say "I was present/I was there/I survived." Even though, the poet reminds us, "we were the few."*

- Liliana Valenzuela, author of *Codex of Love: Bendita ternura*

"Pastoriza Iyodo's observations are unrestrained, brooding over themes like poverty, war, and the unpredictable design of humanity."

- Rick Villalobos, *School Library Journal*

"Humanity through Pastoriza Iyodo's lens is a view rarely seen, and one that deserves our attention."

- Aaron Michael Morales, *Multicultural Review* and author of *Drowning Tucson*

hominis aurora

poems by
BENITO PASTORIZA IYODO

FLOWERSONG
PRESS

Translated into English by Bradley Warren Davis

FLOWERSONG
P R E S S

FlowerSong Press
Copyright © 2021 by Benito Pastoriza Iyodo
ISBN: 978-1-953447-97-5
Library of Congress Number: 2021938893

Published by FlowerSong Press
in the United States of America.
www.flowersongpress.com

Cover Art by Rosa Mena Valenzuela
Translation into English by Bradley Warren Davis
Set in Adobe Garamond Pro

hominis aurora

BENITO PASTORIZA IYODO

Translated into English by Bradley Warren Davis

ALSO BY BENITO PASTORIZA IYODO

El agua del paraíso (The Water of Paradise)
Nena, nena de mi corazón (Beloved, Beloved of My Heart)
Cuestión de hombres (A Matter of Men)
Cartas a la sombra de tu piel (Letters to the shadow of your love)
Elegías de septiembre (September Elegies)
Prostíbulo de la palabra (Brothel of the Word)

Prolegómeno
por Carlos Manuel Rivera

Desde un pasado ancestral y un futuro cercano, nos acercamos a un ritual de travesía, a un viaje de cosmovisión existencial y misterio de vida. Nos adentramos en el origen de lo humano, la naturaleza y el mundo. Nos conectamos con el inexorable *tempus*, con los *ritualis* inter-temporales, con las micro y macro cósmicas *communitas* planetarias. El Espíritu de la Tierra posee una variedad lingüística que mezcla el origen latino con lo francófono, lo hispanófono y lo toscanófono. Nos sumergimos en *Hominis Aurora* de Benito Pastoriza Iyodo, una poética del chamanismo.

Como técnicas de chamán especializado, su cántico melodioso prefigura en el poemario como profecía, aliento. Cada nota que el poeta vidente emite desde sus sonidos, se nos transforman en palabras, versos y estrofas. Su cántico nos sensibiliza. Su voz se desintegra desde su visión de mundo para revelarnos un regalo de conciencia cósmica y planetaria. Su intuición será su arma de batalla para compartir esa sabiduría y experiencia. Su forma será medicina curativa para nuestros pensamientos, acciones y palabras. Reconocemos a través de la voz poética un movimiento que transita entre percepción, visión y escritura.

De esta manera, se nos revela el compromiso con el ser y la existencia. Permea una correspondencia e hibridez de palabras, imágenes y símbolos; unidad entre el cosmos, el planeta, lo humano y la vida. Signos que reflejan violencia de sentidos. Sinestesias que nos abordan en lo inconsciente. Sinestesias que nos impulsan a la acción. Sinestesias que nos reclaman un hacer.

El ritual de palabras que se manifiesta entre tradición oral y escritura nos moviliza por símbolos e imágenes, concatenados con la naturaleza y nos adentran en nuestros problemas planetarios. Exaltaríamos de ellos, al ambiental. Hemos llegado a un extremo contaminante, donde lo único que se percibe es la entropía, la hecatombe, el fatalismo, la muerte.

Será necesario morir para renacer. La voz poética nos advierte que tenemos pendiente el viaje, el eterno retorno del ser a su entorno cósmico. Su voz nos resuena continuamente; tautologías que descolocan nuestros sentidos. Nos compatibilizamos con esas palabras que pulsan como ruidos y sonidos en nuestras percepciones, y concientizamos por esta pesadilla una experiencia que nos convulsa en devenir, o quizás, azar.

En la primera parte del libro *Tempus*, el sujeto colectivo nosotros, un yo mayestático nos convierte en cómplices de su búsqueda genealógica ancestral y nos devuelve a caminar por la Tierra, por sus espacios naturales, donde no había nacido la palabra, única palabra que será nombrada por primera vez bajo nuestra voz. Así la voz poética nos guía por diferentes estaciones del tiempo planetario. Una rueda de la fortuna que nos dirige al regreso, al inicio del ser y la forma. Un continuo navegar por el tiempo entre luces y tinieblas, entre amaneceres, atardeceres y anocheceres; en la herramienta básica de visualizar vida y muerte; nacimiento y descenso.

La vida es breve y el tiempo no es suficiente para contarlo. Nuestros sentidos contemplan la naturaleza y se percibe escatológica; cubierta por especies primitivas, por la miasma que habita entre nosotros. Hemos destruido el camino, la belleza, la naturaleza, el ser. El ángel de la historia nos arrasa como un torbellino para mirar hacia atrás y recordar. Trae dentro de sus alas, un manantial memorioso de lo que somos, fuimos y seremos. El tiempo no perdona; la historia fue, es y será la canción.

Nos arriesgamos a usar y reusar la naturaleza para vivir, para construir y crear cultura. Es hora de pagar nuestras consecuencias. El reloj se va deteniendo; es hora de ver lo que has hecho con lo que se te dio. Verás que eres nacimiento y muerte; eres naturaleza, tierra, cosmos; vida y muerte. Nuestro cuerpo nos avisa la vida y la muerte; la cicatriz será la huella de nuestro paso por el tiempo. Hubo agua, alimento, vida; pero también, sed, hambre, muerte. La canción de lo eterno nos avisa el final del mundo y el nacimiento de una vida en el cosmos. La Tierra es Cosmos y alcanzamos en elevación nuestra intertemporalidad.

En la segunda parte del libro *Ritualis* comienza el acto. Nos lanzamos en la esperanza de vivir. Caminamos en una aventura por la Tierra y su entorno. Parece invisible ante nuestro paso; solo cuatro elementos nos orientan a someternos a la naturaleza. Es necesario fluir; el viento trae su alfombra mágica para recogernos y transitar por el rumbo que se nos aproxima.

La Tierra se fragmentó por eras. Sus divisiones se establecen en las estaciones que van del gélido entorno hasta su continuo calentamiento y viceversa. Crecen la naturaleza, las especies y el ser. Se acerca una continua encomienda de estar. Un seguido pulso que no detiene ser y estar frecuentemente.

De ahí, se pasa a edificar paredes que representan lo eterno. Nos vamos con él y nos avecinamos a la plena existencia, a la sobrevivencia, a la guerra para defender lo que creemos que es nuestro. Su hábitat nos lanza a figurar un inmenso paisaje que nos pertenece. Las palabras no bastan para articular lo que se experimenta por los sentidos. Es necesario seguir la ruta. Es necesario vivir sobre el trayecto. Así, se recoge a sí mismo en ese vagar por la vida y conoce el lenguaje que ya está aquí antes que él diera el primer paso. Por lo pronto, si no lo conoce, lo inventa.

De esta forma, se va ilusionando poco a poco en un desocultamiento que tiene que ser revelado. Ya tiene su arma para formar palabras; mirar al Otro o lo Otro que lo deleita en esta construcción. Ya no se asusta con lo desconocido, ya se transforma en el Otro. Ese Otro que deviene en sí mismo y lo hace ser y estar en lo que descubre como espíritu. Se confunde con todas las especies que confraternizan consigo. Es también el Otro.

La voz poética visualiza que es imprescindible fabricar un origen. Allí están las rocas o ese submundo que nos facilitará como santuario el principio y el fin de este proyecto. La naturaleza le brinda los elementos necesarios para continuar siendo y estando en este ritual de la existencia, o en esa caverna donde se intensifica la vida en la existencia. El arma se acrecienta con ella y se aproxima al Otro que es él mismo. Se posiciona con las palabras para seguir articulando esa experiencia que llama vida; acciones y emociones; reflexiones y dilemas del ser y estar; del todo y la nada. No se turba; no se espanta; no se está triste porque se continúa siendo.

Llegamos con alevosía en este trayecto a las *communitas*, última sección del poemario. Allí la voz poética nos ilustra que ha llegado a la casa del Yo Soy (padre-madre) y como obsequio se nos ha otorgado el arte en todas sus epifanías: la poesía. Es a través de ella que reconocemos a la *Mater*, esa que nos fecunda y nos hace ser, existir y estar. Esa que nos concede la semilla para germinar e iluminar la vida; esa que nos hace reconocer la correspondencia entre la Tierra y el Cosmos.

Tenemos que continuar siendo y estando. No tenemos otra alternativa que alimentarnos de las especies que nos circundan alrededor. Por eso, la cacería, única manera de posibilitarnos en el entorno existencial. Se nos ha brindado de la concha de la Tierra misma a Venus, al amor, que se relaciona con todo lo que es vida y como vida, existencia. Sin embargo, la ignorancia que nos habita entre los huesos nos conduce a destruirnos. Es hora de reconocer de dónde venimos y hacia dónde vamos.

Aprendimos la *téchnē*. Herramienta que nos facilita el hacer para sobrevivir. Realizamos las tareas para habitar entre el frio y el calor. De pronto, arribó el fuego. Elemento que nos advierte el peligro, la destrucción, la muerte, la desaparición de todo lo dado y lo creado. Solo nos sostuvimos en comunidad y en vida por el alimento; pero, sin embargo, se nos avisa que tarde o temprano si no visualizamos dónde estamos también llegará el hambre.

Nos levantamos, descubrimos el agua. Navegamos ampliamente por mares y nos convertimos en sus dueños. Aprendimos que la pesca es otro recurso que nos ofrece el alimento. Supimos de organismos que habitan en sus cuerpos. Vencimos en la existencia, ya sea por su vegetación o por sus especies. Supimos que hay muchas posibilidades en los cuerpos acuáticos que nos ofrecen vida.

¡Albricias! Somos todo un conjunto: elementos, microorganismos, minerales, vegetales, animales, humanos. Todos y cada uno de nosotros somos y estamos en eso que llaman planeta. ¡Celebremos!, ¡cantemos! Manifestemos este regocijo con alegría, sonidos, palabras, figuras, construcciones. La Tierra nos pertenece y somos parte de ella.

¡Qué goce! Ya entendemos que habitamos la igualdad. Eliminamos la escasez nutricional. Nos concientizamos; tenemos que ser iguales. No hay divisiones genéricas, raciales, generacionales ni lingüísticas. Fluimos en paz y sobrevivimos en la esperanza de un mejor mañana en comunidad.

Cerrando estas palabras, reconocemos que fluimos en un viaje, guiado por una voz chamánica. En ese trayecto temporal nos encontramos con nosotros mismos y aprendimos que somos un ser y un estar. De ahí, la existencia, y de la existencia, supimos que somos naturaleza, muerte y vida. Supimos que no hay un largo tiempo para conocer y transformar ese conocer en sabiduría. La vida es breve y el tiempo nos arrastra hacia lo eterno.

El proyecto no se detuvo. Conocimos por rituales mágicos en el entorno de la vida, sus minerales, vegetales y especies. Supimos que ellos nos brindarían de sus formas la subsistencia para seguir caminando y circunnavegando por la Tierra. Por todo eso, nos regocijamos como un todo con sus partes y unas partes con su todo. En la unidad está la fuerza. Fuerza de una comunidad planetaria que recibe y se alienta por *Hominis Aurora*.

Prolegomenon
by Carlos Manuel Rivera

From an ancestral past and a near future, we approach a ritual crossing, a journey of existential cosmovision and mystery of life. We delve into the origin of humanity, nature, and the world. We connect with the inexorable *tempus*, with the intertemporal *ritualis*, with the micro and macro cosmic planetary *communitas*. The Spirit of the Earth possesses a linguistic variety that mixes the Latin origin with the Francophone, Hispanophone and Toscanophone. We immerse ourselves in *Hominis Aurora* by Benito Pastoriza Iyodo, a poetic of shamanism.

Like the techniques of a specialized shaman, his melodious chant foreshadows in the collection of poems like prophecy, inspiration. Every note that the clairvoyant poet emits from his thoughts, transform into words, poems, and verses. His chant sensitizes us. His voice disintegrates from his vision of the world to reveal a gift of cosmic and planetary conscience. His intuition will be his battle weapon to share this wisdom and experience. His method will be curative medicine for our thoughts, actions, and words. We recognize through the poetic voice a movement that travels between perception, vision, and writing.

In this way, the commitment with the being and existence is revealed to us. It permeates a correspondence and hybridization of words, images, and symbols; a unity among the cosmos, the planet, humanity, and life. Signs that reflect a violence of the senses. Synesthesias that board the unconscious. Synesthesias that propel us to action. Synesthesias that demand that something be done.

The ritual of words manifested between oral tradition and writing mobilizes us through symbols and images, concatenated with nature, penetrating our planetary problems. We extol them, the environment. We have arrived to a contaminating extreme, where the only thing perceived is entropy, disaster, fatalism, death.

It will be necessary to die to be reborn. The poetic voice warns us that the journey is still pending, the eternal return of the being to its cosmic nature. His voice rings out continually; tautologies that confuse our senses. We reconcile ourselves with these words that pulsate like noises and sounds in our perceptions and we become aware because of this nightmare, an experience that convulses us into becoming, or perhaps, it was by chance.

In the first part of the book *Tempus*, we are the collective subject, a majestic I converts us into accomplices in the ancestral genealogical search, taking us back to walk on the Earth, through its natural spaces, where the word had not yet been born, the only word to be uttered for the first time will be through our voice. Thus, the poetic voice guides us through different eras of planetary time. A wheel of fortuity that would take us back, to the dawn of being and form. A continual navigation through time between lights and shadows, between sunrises, sunsets, and nightfalls; in the basic tools of visualizing life and death; birth and descent.

Life is brief and time insufficient to recount it. Our senses contemplate nature and it seems scatological; covered by primitive species, by the miasma that lives among us. We have destroyed the path, the beauty, nature, the being. The angel of history sweeps us away like a whirlwind to look back and remember. She carries in her wings a spring of memories of what we are, were and shall be. Time does not pardon; history was, is and will be the song.

We take the chance of using and reusing nature to live, to build, and to create culture. It is time to pay our consciences. The clock is stopping; it's time to see what you have done with what you were given. You will see you are birth and death; you are nature, earth, cosmos; life and death. Our body warns us of life and death; the scar will be the footprint of our passage through time. There was water, nourishment, life; but also, thirst, hunger, death. The song of the eternal warns us of the end of the world and the birth of a life in the cosmos. The Earth is Cosmos and we reach in stature our inter-temporality.

In the second part of the book *Ritualis*, the action begins. We strike out in hopes of living. We walk on an adventure on the Earth and its environs. It seems invisible before us; only four elements orient us to submit ourselves to nature. It is necessary to flow; the wind brings its magic carpet to gather us up and travel on the approaching path.

The Earth fragmented for eras. Its divisions were established in the seasons that go from icy environs to continual heating up and visa versa. Nature, the species, and the being grow. A continual encomienda of being draws near. A continuous pulse that does not frequently detain the being and being.

From then on, walls are built that represent the eternal. We go with him and we become neighbors to full existence, to survival, to the war to defend that which we believe is ours. The habitat leads us to believe that an immense landscape belongs to us. Words are not enough to articulate what one experiences with the senses. It is necessary to follow the route. It is necessary to persevere on the path. Thus, one picks oneself up from this wandering through life and knows the language that is already here before he even took his first step. For the time being, if you don't know something, invent it.

In this fashion, one dreams little by little of an unveiling that mustbe revealed. Now he has his weapon of forming words; to look at the Other or the Otherness that delights in this construction. Now he is not scared of the unknown, now he transforms himself into the Other. This Other that transforms within himself, making him being and becoming in what he discovers as spirit. He blends in with all species that fraternize together. He is also the Other.

The poetic voice visualizes that it is essential to construct an origin. There lie the rocks or this underworld that will provide sanctuary at the beginning and end of this journey. Nature offers the necessary elements to continue being and becoming in the ritual of existence, or in this cavern where life intensifies in its existence. The weapon grows with existence and comes closer to the Other which is himself. He positions himself with the words to continue articulating this experience called life; actions and emotions; reflections and dilemmas of the being and becoming; of everything and nothing. He is not disturbed; he is not frightened; he is not sad because he continues being.

We arrive with premeditation in this journey to the *communitas*, the last section of this collection. There the poetic voice illustrates that it has arrived at the house of "I am" (father-mother) and as a gift has granted us art in all its epiphanies: poetry. It is through poetry that we recognize the Mater, the one who makes us fertile and makes us be, exist and become. She who concedes her seed to germinate and illuminate life; she who makes us recognize the connection between the Earth and the Cosmos.

We must continue being and becoming. We have no alternative but to nourish ourselves with the species that surround us. Thus, the hunt, the only manner to make life possible in our existential surroundings. We have been offered love, Venus, from a shell form our own Earth, which is related to everything that is life and like life, existence. However, the ignorance that inhabits us between our bones drives us to self-destruction. It is time to recognize from whence we came and where we are going.

We learned the *téchnē*. Tool that facilitates the act of survival. We carry out tasks to live between the cold and the heat. Suddenly fire arrived. Element that warns of danger, destruction, death, the disappearance of all that is given and created. We were only sustained in community and in life by food; but, however, we are warned that sooner or later if we do not visualize where we are, hunger will also arrive.

We stand up, discover water. We navigate extensively across the seas and we become their masters. We learn that fishing is another resource that offers nourishment. We knew of the organisms that inhabited these bodies. We conquered existence, whether through its vegetation or its species. We knew that there are many possibilities in these aquatic bodies that offer us life.

Congratulations! We are all one whole: elements, microorganisms, minerals, vegetables, animals, humans. Each and every one of us are and must be in this thing called a planet. We celebrate! We sing! We declare this festivity with joy, sounds, words, figures, buildings. The Earth belongs to us and we are part of her.

Enjoy! We now understand that we live in equality. We have eliminated food shortages. We have made ourselves aware that we must be equal. There are no generic, racial, generational, or linguistic divisions. We flow in peace and we survive in the hope of a better tomorrow in community.

Closing these words, we recognize that we flow on a journey, guided by a shamanic voice. In this time travel we encounter ourselves and learn that we are being and a becoming. From there, the existence, and from existence, we knew that we are nature, death, and life. We knew that there is little time to learn and transform this learning into wisdom. Life is brief and time sweeps us toward the eternal.

The design was not detained. We gained knowledge through magic rituals in the environs of life, its minerals, vegetables, and species. We knew that they offered us forms of subsistence to keep walking and circumnavigating the Earth. Because of all this, we rejoice as a whole, with its parts, and some parts with the whole. In the unity is strength. Strength of a planetary community that receives and is strengthened by *Hominis Aurora*.

A weight of awe, not easy to be borne,
Fell suddenly upon my spirit, -cast
From the dread bosom of the unknown past,
When first I saw that family forlorn.

The Monument, William Wordsworth

tempus

1.

Y los ancestros comenzaron a caminar
hace cuatro millones de años
valles montañas ríos desiertos
y sus manos estuvieron vacías
hace dos millones de años
árboles sin nombres
nombres sin palabras
y las sílabas no tuvieron
significado
y las vocales fueron
solo una canción en silencio
los ancestros comenzaron a caminar
buscando una inmensidad
más expansiva que sus ojos
más profunda que su pena
pero tengo palos y piedras
algo sin nombre
útil bello
yace en la naturaleza de las rocas
las piedras para construir herramientas
palos para construir pensamientos
golpear romper matar
para que podamos continuar caminando
manos sin palabras
pero los valles
las montañas
los ríos y los desiertos
están aquí para quedarse
nos darán las palabras
y la inmensidad
ya no será inmensa

1.

And the ancestors began to walk
four million years ago
valleys mountains rivers deserts
and their hands were empty
two million years ago
trees without names
names without words
and the syllables had
no meaning
and the vowels were
but a song in silence
the ancestors began to walk
searching for an immensity
more expansive than his eyes
deeper than her sorrow
but I have sticks and stones
something unnamed
useful beautiful
lies in the nature of the rocks
the stones to build tools
the sticks to build thoughts
knock crack kill
so we can continue to walk
hands without words
but the valleys
the mountains
the rivers and the deserts
are here to stay
they will give us the words
and immensity
shall no longer be immense

2.

Il tempo

Entendimos la sabiduría de la naturaleza
primavera nuevos comienzos de verdes suaves
verano la luz la plenitud solar
otoño la premonición de las nieves
invierno el velo suave de eterna oscuridad
todo gradualmente pasa se desliza
hemos visto la migración de animales
las muchas fases de la rotante luna
entendimos la sabiduría de la naturaleza
largos eternos días cortas persistentes noches
el tiempo desdobla sus alas para mostrar esplendor
para enseñar más allá del ignorante ciego ojo
el tiempo no fue inventado con artefactos
el hombre no lo creó porque siempre estuvo
perenne contante como estrellas plateadas
el calendario es la luna el sol el viento
la rotación del universo cuando una gota
de lluvia cae sobre la hoja inesperada

2.

Il tempo

We understood the wisdom of nature
spring new beginnings of soft greens
summer the light the solar plenitude
autumn the premonition of the snows
winter the veil of soft eternal darkness
everything gradually passes slips away
we have seen the migration of animals
the many phases of the changing moon
we understood the wisdom of nature
long eternal days short persistent nights
time unfolds its wings to show splendor
to teach beyond the ignorant blind eye
time was not invented with artifacts
man did not create it for it was always
there perennial constant like silver stars
the calendar is the moon the sun the wind
the rotation of the universe when a drop
of rain falls on the unsuspected leaf

3.

La muerte será para los jóvenes
los cazadores no quieren morir
debemos inventar dioses diosas
un obscuro paraíso para consolar
la ignorancia de no comprender
la muerte será para los más jóvenes
debemos enterrarlos esperando verles
regresar en caballos veloces
el bisonte herido
árboles montañas y cascadas
tenemos que fortalecerlos
cuando están jóvenes
muy jóvenes
porque pronto morirán
la muerte fue una invención de la vida
deja el recién nacido llegar
deja las aguas fluir
enséñémosles a morir
porque la vida será corta
así que permíteles cantar su canción de muerte
permíteles morir como valientes cazadores
aquellos que solamente entendían
su expansivo paraíso
aprendieron a ser diligentes
con pocos inviernos
mirando a sus ojos
la vida y la muerte
son sólo sombras
vagas sombras
donde los gusanos
y la tierra
serán
las últimas
reflexiones

3.

Death will be for the young
the hunters don't want to die
should we invent gods goddesses
an obscure paradise to comfort
the ignorance of not understanding
death will be for the very young
should we bury them hoping to see
them return in the running horses
the wounded bison
trees mountains and waterfalls
we have to make them strong
when they are young
very young
because soon they will die
death was an invention of life
let the newborn arrive
let the waters flow
let's teach them how to die
for life will be short
so let them sing their death song
let them die like brave hunters
who only understood
their pervasive paradise
they learned to be diligent
with few winters
looking at their eyes
life and death
are just shadows
vague shadows
where worms
and dirt
will be
the final
thoughts

4.

Perche la memoria

Es la memoria que te ha olvidado
la palabra evasiva del hombre
y todas sus glorias y mentiras

la esperanza emancipada de hojas
vueltas soledades por noches escasas

es la historia que te ha olvidado
hazañas memorables
grandes y singulares

tiempo corriendo salvaje y furioso
en su sendero dislocado de eventos

el ciclo se mueve lentamente
cielos rotando
más allá de las tierras intrénsicas

es la memoria
soltanto memoria

es la historia
apenas la historia
de todas las historias

la palabra evasiva del hombre
sus mentiras sus glorias

has sido medido
contra todos los grandes eventos
y el porque perche

es para ser visto
u oido en una canción

4.

Perche la memoria

Is it memory that has forgotten you
the evasive word of man
and all his glories and lies

the emancipated hope of leaves
turned solitude by scarce nights

is it history that has forgotten you
memorable deeds
great and individual

time running wild and furious
in its dislocated path of events

the cycle moves slowly
rotating heavens
beyond intrinsic soils

is it memory
soltanto memoria

is it history
apenas la historia
of all the histories

the evasive word of man
his lies his glories

you have been measured
against all great events
and the why perche

is all to be seen
or heard in one song

5.

Y las manos fueron útiles
cincelando la piedra
labrando la roca
abriendo la piel
para descubrir
vida y muerte
sangre
sangre carmesí
deslizándose
por las uñas de los dedos
donde los otoños fueron dorados
y los inviernos plateados
cicatrices dibujando los mapas
de adversidad
matanzas de alimentación
saturaron la garganta desierto
piedras tornadas cuchillos
cuchillos tornados en vida
porque los incisivos
fueron recordatorios
de tu bestialidad
como las piedras
como las rocas
como los cuchillos
del ingenio
sí
las manos fueron útiles
ellas expusieron
el arco de los sueños

5.

And the hands were useful
carving the stone
carving the rock
opening the flesh
to discover
life and death
blood
crimson blood
creeping
through the fingernails
where autumns were golden
and winters were silver
scars drawing the maps
of adversity
killings of nourishment
saturated the desert throat
stones made knives
knives made life
because incisors
were reminders
of your bestiality
like the stones
like the rocks
like the knives
of ingenuity
yes
the hands were useful
they exposed
the arc of dreams

6.

Espíritus

Sus espíritus nos harán fuertes
pinta los osos dibuja los caballos
esculpe la mujer preñada
mitad animal mitad hombre de las sombras
los espíritus se encarnarán
en cada alma viviente en cada criatura
el panteón de dioses de diosas
benevolentes y malevolentes ánimas
resucitarán para mostrar sus poderes
he alcanzado el estado cambiante de
la conciencia me he enfrentado a
los fantasmas de la ultratumba olvidada
he vivido entre ellos traigo a todos
las energías de los dioses las diosas
madre tierra se desnuda a sí misma en la roca
ella trae fertilidad a la tierra y a las mujeres
remueve la piel los órganos de los muertos
escava la tierra y entierra sus restos
ya que ellos comulgarán con los dioses
ellos nos volverán fuertes y valientes

6.

Espíritus

Their spirits will make us strong
paint the bears draw the horses
sculpture the pregnant woman
half animal half man of shadows
the spirits will incarnate themselves
in every living soul in every creature
the pantheon of gods of goddesses
benevolent and malevolent animas
will all arise to display their powers
I have reached the altered state of
consciousness I have encountered
the phantoms of the forgotten afterlife
I have lived with them I bring to all
the energies of the gods the goddesses
mother earth reveals herself in the rock
she brings fertility to land and women
remove the flesh the organs of the dead
excavate the soil and bury their remains
for they will commune with the gods
they will make us strong and brave

7.

Certo
digo que sí
te he dado el tiempo
mas no cronológico
mai certo
tempo e
circular como las hogueras
del mal
marcas en los huesos
líneas de fe
digo yo
te di el tiempo
marcas en la piedra
conté las noches
porque
entendí las estrellas
ella nació
con las aguas
con las aguas de luz
digo yo
entendí los días
certo
digo que sí
te he dado el tiempo
mas no cronológico
mai certo
tempo e
circular como las hogueras
del mal

7.

Certo
I say it is
I have given you time
but not chronological
mai certo
tempo e
circular like the hearths
of evil
marks on bones
lines of faith
I say
I gave you time
marks on stone
I counted the nights
because
I understood the stars
she was born
with the waters
with the waters of light
I say
I understood the days
certo
I say it is
I have given you time
but not chronological
mai certo
tempo e
circular like the hearths
of evil

8.

Poniente Quinto

Te sepultamos con tu cara hacia el oriente
para que tus ojos reflejaran el sol
estallando con fuegos celestiales
la purificación de tu fuerza
la limpieza de tu esencia

Envuelto en ti mismo
como cuando naciste
el suelo nutrirá
el sendero de antiguas piedras
la asunción de alas fervientes

Aquí están tus cuentas
collar de vita nuova
adornos de fuego y hielo
soltanto tuo
todo dentro de tu corazón

Te rociamos con ocre
ocre rojo de vida y muerte
tú el cazador de la vida
el segador de la muerte
sangre de sangres

A dove andrai
piccolo uomo
di nacimento
dinos
adónde irás

8.

Poniente Quinto

We buried you facing east
so your eyes would mirror the sun
bursting with celestial fires
the purification of your force
the cleansing of your essence

Wrapped within yourself
as when you were born
the soil will nurture
the path of ancient stones
the assumption of fervent wings

Here are your beads
necklace of vita nuova
adornments of fire and ice
soltanto tuo
all within your heart

We sprinkle you with ocher
red ocher of life and death
you the hunter of life
the gatherer of death
blood of bloods

A dove andrai
piccolo uomo
di nacimento
tell us
where shall you go

9.

Cicatrix

Mi piel es un mapa de cicatrices
tejidos lesionados de violencia
perpetuado por el acto
de vivir en esta arrebatada tierra
aguijones espinas garras cuernos
mandíbulas colmillos incisivos
me desgarran la piel
para exponer las heridas
para revelar el dolor
la gravedad de mi pérdida
todo está aquí al desnudado
vivo y muero
con la cruel belleza
de la naturaleza a mi lado
toca mis heridas
agonía sin fin
toca mis heridas
es la profundidad de la tragedia
dolor y sufrimiento
han sido los arquitectos
de mi vida
perduraré más allá del dolor
todo es pasajero
me acecha la muerte como un halcón
la violencia no cesará
estará por siempre presente

9.

Cicatrix

My skin is a map of scars
injured tissues of violence
perpetuated by the act
of living in this enraged land
stingers thorns claws horns
mandibles fangs incisors
rip my flesh apart
to expose the wounds
to reveal the pain
the gravity of my loss
is all here denuded
I live and I die
with the cruel beauty
of nature on my side
touch my wounds
endless agony
touch my wounds
is the depth of tragedy
pain and suffering
have been the architects
of my life
I will perdure beyond the pain
all is temporary
death stalks me like a hawk
the violence will not cease
it will be forever present

10.

Finis

Somos los pocos
los muy pocos
la muerte se asienta a nuestro lado
los mayores han decidido
la comida está escasa
las distancias son grandes
nuestros cuerpos están débiles
mis hermanas infantes han visto
el fin el temprano fin
sus carnes fueron alimento
para nuestro hambriento clan
mis jóvenes hermanos
también han visto el fin
el muy temprano fin
madre no tiene leche
no tiene fuerza
madre caza mi madre recoge
se muere junto a sus hijos
abandonaron a mis primos
atacan el hambre la sed la exposición
los niños no sobrevivirán
somos los pocos
los muy pocos
la muerte se asienta a nuestro lado

10.

Finis

We are the few
the very few
death sits by our side
the elders have decided
food is scarce
distances are far
our bodies are weak
my infant sisters have seen
the end the early end
their flesh was nourishment
to our starving clan
my young brothers
have also seen the end
the very early end
mother has no milk
she has no strength
mother hunts mother gathers
she dies with her children
my cousins are left behind
hunger thirst exposure attacks
the children will not survive
we are the few
the very few
death sits by our side

ritualis

11.

La tierra invisible

Dejamos las grandes sabanas
praderas de pastizales ásperos
vestidas con árboles dispersos
nosotros los pocos también fuimos escasos
caminando eternamente por
barros rojos de una vasta tierra
cruzamos ríos
nadamos lagos
trayendo el fuego
sagrado
querido
por nosotros
fuimos los pocos
divagando por el planeta
buscando lo invisible
nuestras cabezas girando hacia la izquierda
hacia la estrella ascendente
muchos morirían
con las grandes nevadas
fuimos pacientes esperamos
y continuamos la travesía de la esperanza
el ombligo del planeta fue revelado a nosotros
de allí nos esparcimos en fuerza
como semillas sopladas por los vientos poderosos

11.

The invisible land

We left the great savannas
plains of coarse grasses
dressed by scattered trees
we the few were also scarce
walking eternally through
the red clays of the vast land
we crossed rivers
swam lakes
bringing the fire
sacred
beloved
to us
we were the few
roaming the planet
searching the invisible
our heads turning left
to the rising star
many would die
with the great snows
we were patient we waited
and continued the journey of hope
the navel of the planet was revealed to us
from there we spread ourselves in power
like seeds blown by the mighty winds

12.

Plioceno y Pleistoceno

estuve presente
estuve allí
cuando las grandes divisiones de tierras
se transformaron
expandidas reducidas
y se volvieron una otra vez
el frío se tornó más frío
el calor se tornó ardiente
lo frío se volvió caliente
lo caliente se volvió frío
estuve presente
estuve allí
cuando el vasto movimiento aconteció
el surgimiento mágico
de praderas y sabanas
valles amarillos y selvas
el éxodo de aves animales
dejando sus tierras y bosques
mares y océanos nacieron
lagos y ríos nacieron
estuve presente
estuve allí
cuando el perenne hielo
se arrastró en la oscuridad
de la noche
cuando las aguas congeladas
eran espejos de nuestras almas
todo se repetía
como un círculo sin fin
y
estuve presente
estuve allí
sobreviví

12.

Pliocene and Pleistocene

I was present
I was there
when the great divisions of lands
transformed themselves
expanded reduced
and became one again
the cold became colder
the warm became warmer
the cold became warm
the warm became cold
I was present
I was there
when the vast movement occurred
the magical emergence
of grasslands and savannas
yellow valleys and jungles
the exodus of birds animals
leaving their lands and forests
seas and oceans were born
lakes and rivers were born
I was present
I was there
when the perennial ice
crawled into the darkness
of the night
when the frozen waters
were the mirrors to our souls
everything was repeating itself
like an endless circle
and
I was present
I was there
I survived

13.

La salle des tauraux

He expresado todo dentro de estas paredes
ho sentito tutto chi ha ragione d' essere
acaso quedó el alma anunciada en su ser
l'histoire des murs que tu m'as racontée

La línea de carbón vaticina la tribulación del hombre
delineando la hoja rota liberada en la oscuridad
captor de su propia libertad limitada para no oír
el ave lloroso de la noche anunciando veritas

El vuelo captura una esencia de urgencia
coloreando los árboles que caerán por las tormentas
una a una alas de guerras serán vistas a la orilla

l'histoire des murs que tu m'as racontée
acaso quedó el alma anunciada en su ser
ho sentito tutto chi ha ragiione d'essere

13.

La salle des tauraux

Have I expressed everything within these walls
ho sentito tutto chi ha ragione d'essere
acaso quedó el alma anunciada en su ser
l'histoire des murs que tu m'as racontée

the charcoal line foreshadows man's plight
delineating the broken leaf released in the dark
captor of its own freedom limited not to hear
the crying bird of the night announcing veritas

the flight captures an essence of predicament
coloring the trees that will fall from the storms
one by one wings of wars are to be seen ashore

l'histoire des murs que tu m'as racontée
acaso quedó el alma anunciada en su ser
ho sentito tutto chi ha ragiione d'essere

14.

El gran muro

donde el fantasma blanco
el más puro de mis sueños
emblanquecida existencia
sobrellevada en la definición
de corazones a corazones
donde el benigno velo
se encierra en mis brazos
en la comprendida inocencia
por mis hijos y mis hijas
recojedores cazadores guerreros
de la era del fuego y el hielo

las nieves se han ido
develando el gran muro propicio
el hielo ha derretido ahora en suavidad
y todo lo que diviso es el gran muro
la historia al descubierto
vaticinada por las sacertodisas
aquellas que supieron de otros mundos
me atrevo de deambular estos valles
arropados
por las montañas colinas y praderas
rindiéndose a mares de ríos
una pesadilla de color
sin nombre

14.

The great wall

where the purest phantom
white of my dreams
blanche existence
endured in the definition
of hearts to hearts
where the benign veil
that enclosed my arms
in the innocence understood
by my sons and daughters
gatherers hunters warriors
of the age of fire and ice

the snows are gone
unveiling the great auspicious wall
the ice has softly melted for now
and all I see is the great wall
the uncovered story
forecasted by priestesses
who knew of other worlds
I dare to wander these valleys
embraced
by mountains hills and prairies
surrendering to seas of rivers
a nightmare of color
that has no name

15.

Caverne

los templos fueron hechos por Dios
y vinieron todas sus criaturas
para habitar el submundo

las lluvias el viento las tormentas
moldearon capillas iglesias catedrales
de arena y piedra

vida fue dada a la vida
muerte fue dada a la muerte
y la oscuridad fue todo menos luz

las criaturas corrieron salvajes
sin perdón ni abandono
plenitud del sagrado corazón

la fertilidad se hizo diosa
el dios diosa
de las faltas y pecados del hombre

la caza se volvió la guerra
el conflicto la batalla
bellicus humanus

santuario de mi alma
caverna utópica oscura
insondable misterio de mis ojos

15.

Carverne

the temples were made by God
and all his creatures came
to inhabit the underworld

the rains the wind the storms
molded chapels churches cathedrals
of sand and stone

life was given to life
death was given to death
and darkness was all but light

the creatures ran wild
unforgiven and unforsaken
plenitude of the sacred heart

fertility became the goddess
the god goddess
of man's faults and sins

hunting became the war
the conflict the battle
bellicus humanus

sanctuary of my soul
caverna utópica oscura
unfathomable mystery of my eyes

16.

Tengo los pensamientos
pero no las palabras
gestos más allá de mi universo
mi cuerpo es el templo
de significados y sonidos
observa mis ojos
mira mi alma
descubrirás mi lenguaje
mi solidaridad es con el viento
bailo solamente al sol
lenguaje es lo que puedo ver y oír
pero no puedo hablar
glorifico la soledad
de estar sin palabras
los límites de mi lenguaje
señalan los límites del mundo
soy el huérfano de palabras
observa mi sendero
y comprenderás
mi balbuceo mudo
digo nada porque
nada domino
debería inventar el lenguaje
para ocultar la verdad
o para revelarla
no sé

16.

I have the thoughts
but not the words
gestures beyond my universe
my body is the temple
of meanings and sounds
look at my eyes
look at my soul
you will discover my language
my solidarity is with the wind
I dance only to the sun
language is what I can see and hear
but not speak
I glorify on the solitude
of being without words
the limits of my language
signal to the limits of the world
I am the orphan of words
look at my path
and you will understand
my speechless grumbles
I say nothing because
I command nothing
should I invent language
to conceal the truth
or to reveal it
I don't know

17.

La grotte de Lascaux

he descubierto la línea
que traza mi vida

toda extendida en la curva de tu ojo

el pingere de una ilusión
más allá del salle des tauraux

todo extendido en la curva de tu boca

palos varas varas palos
los huesos inútiles del hombre

todos extendidos en la curva de tu oreja

los colores ya continuamente presentes
naranja marón amarillo negro rojo verde

todos extendidos en la curva de tu tacto

y la oscuridad ha retomado
su imperio de símbolos fálicos

toda extendida en la curva de tu mente

17.

La grotte de Lascaux

I have discovered the line
that traces my life

all extended into the curve of your eye

the pingere of an illusion
beyond la salle des tauraux

all extended into the curve of your mouth

sticks sticks sticks sticks
the useless bones of man

all extended into the curve of your ear

the colors are now endlessly present
orange brown yellow black red green

all extended into the curve of your touch

and darkness has regained
its empire of phallic symbols

all extended into the curve of your mind

18.

Espíritus

Me arrastraré hasta las entrañas de la tierra
para encontrar la catedral el templo la iglesia
dados a mí por los dioses diosas de la naturaleza

he pintado los techos las paredes
con animales y hombres bailando a las estrellas

bailo como duermo bebo fornico y sueño
entre los animales tiernos y las furiosas bestias
porque soy parte de ellos y ellos son parte de mí

el animal está en la roca lo puedo ver lo puedo sentir
soy su hueso y carne y nada nos separa

he inventado el ritual de la caza con su magia
matando la cara el corazón de lo que tanto quiero

ahora somos uno porque nos multiplicamos en la muerte
los dioses las diosas comienzan aquí yo los he inventado

18.

Spirits

I will crawl into the bowels of the earth
to find the cathedral the temple the church
given to me by gods goddesses of nature

I have painted the ceilings the walls
with animals and men dancing at the stars

I dance eat sleep drink fornicate and dream
among the tender animals the furious beasts
because I am part of them and they are part of me

the animal is in the rock I can see it I can feel it
I am his flesh and blood and nothing can separate us

I have invented the ritual of hunting with its magic
by killing the face the heart of what is beloved to me

we are now one because we multiple ourselves in death
the gods the goddesses begin here I have invented them

19.

Adorno

Betún de ocre adornará nuestra piel
antes de la caza
el polvo sagrado
del atardecer
girará en círculos
creando la circunferencia
de la vida
buril la herramienta maestra
tallará el hueso
la piedra la concha
en cuentas mágicas
de la vida
brazaletes pendientes
collares y sortijas
son los talismanes del poder
portamos el diente del tigre
el cuerno del mamut
nos protegerán
poder nos darán con
sus espíritus
nos adornamos
cazamos
vivimos

19.

Adorno

Ochre paste will adorn our skin
before the hunt
the sacred powder
of the sunset
will swirl in circles
creating the circumference
of life
burin the master tool
will shape the bone
the stone the shell
into magical beads
of life
bracelets pendants
necklaces and rings
are the talismans of power
we wear the tooth of the tiger
the horn of the mammoth
they will protect us
empower us with
their spirits
we adorn ourselves
we hunt
we live

20.

El nombre de hombre

Y la caligrafía de la palabra
no te la dio el pensamiento
pero la mera idea del lenguaje
se posó en tu lengua

Prehistoria de tu propia historia
vaticinando el verbo de armas
las sombras translúcidas
hacia la oscuridad de tus manos

Cada dedo dilemas sin fin
de los ríos por venir
oceanos de viejos sentimientos
atrapados en un espacio

Has nombrado lo innombrable
hombre de gorriones y miedos
has nombrado lo innombrable
hombre de vacíos y lágrimas

20.

The name of man

And calligraphy of the word
was not given to you by thought
but the mere idea of language
was in your tongue

Prehistory of your own history
forecasting the verb of arms
the shadows translucent
into the darkness of your hands

Each finger countless dilemmas
of the rivers to come
oceans of old sentiments
trapped within a space

Have you named the nameless
man of sparrows and fears
have you named the nameless
man of hollows and tears

communitas

21.

Yo soy tu padre
yo soy tu madre
gateando en manos y rodillas
por intricados senderos de oscuridad
explorando las caliginosas cavidades
guiados solamente por mi antorcha
de un fuego apenas encendido
a estas cámaras
donde todo será olvidado
y preservado para ti
aquí está mi poema
aquí está mi dibujo
mi canción de amor para ti
tallados en la roca
bailes rituales alrededor de la hoguera
grabados en las rocas
nuestro sentido de vida
al cruzar el techo
colores telúricos de mi ser
caballos bailando
esculpidos en la roca
panteras y leones
de mi caza
mi hija mi hijo
aquí está su poema
el poema de una vida olvidada

21.

I am your father
I am your mother
crawling on hands and knees
through intricate paths of darkness
exploring for caliginous recesses
guided only by my torch
of flickering fire
to these underground chambers
where everything will be forgotten
and preserved for you
here is my poem
here is my drawing
my love song for you
incised on the rock
ritual dances around the fire
engraved on rocks
our sense of life
across the ceiling
earth colors of my being
dancing horses
sculptured on the rock
panthers and lions
of my hunt
my daughter my son
here is your poem
the poem of a forgotten life

22.

Mater

Desequilibrados senos de vida
mujer de la fecundidad sin rostro
diosa anónima prolífica
abriendo tu pequeña matriz
al mundo
para el sendero del hombre
amplias caderas para abrazar la semilla
de futuras voces gritando
para resonar en la oscuridad
de las cuevas
tú la madre de todo
la diosa de todos
nutrirá nuestro destino
tallas en hueso cuerno y piedra
cantarán a tus armoniosas curvas
miles de pedruscos vemos
semejando tu perfil y tu forma
la curva
la redondez
de tu sagrada constitución
señalaremos tu ombligo
allí veremos
la salida
la llegada
de nuestro universo

22.

Mater

Unbalanced breasts of life
faceless woman of fecundity
anonymous goddess of prolificacy
opening your small womb
to the world
for the path of mankind
ample hips to embrace the seed
of future screaming voices
to echo in the darkness
of the caves
you the mother of all
the goddess of all
will nurture our destiny
carvings in bone horn and stone
will sing to your harmonious curves
thousands of pebbles we see
resembling your shape and form
the bulbous
the roundness
of your sacred frame
will point to your navel
there we will see
the departure
the arrival
of our universe

23.

Cazo
sobrevivo
sobrevivo cazo
caballos bisontes bueyes
jabalí zorros lobos
rinocerontes osos
peces aves venado mamut
bailo alrededor
del círculo de mi sangre
dibujado en
la cara sin rasgos
de aquel
quien es tu padre
el antiguo pater
el padre sin
máscara
el antílope
grabado en mi piel
mato para verte vivir
cazo sobrevivo
pater padre
de mi carne

23.

I hunt
I survive
I survive I hunt
horses bison oxen
boar foxes wolves
rhinoceroses bears
fish birds deer mammoth
I dance around
the circle of my blood
drawn through
the featureless face
of that
which is your father
the ancient pater
the father without
the mask
the antelope
carved into my skin
I kill to see you live
I hunt I survive
pater father
of my flesh

24.

Las Venus de la vida

El nacimiento del amor
yace aquí en la pelvis
de tu mano
expansiones de rituales
que presencian
un instante
de la misma eternidad
mater de madres
madres de mater
regresando vida
a su seno
más allá
de las piedras
hemos aprendido

Hombre
quien poco ha sabido
de sí mismo como hombre
te he alimentado
con todo mi corazón
pecho a pecho
la viva continuación
de ti mismo
la viva destrucción
de ti mismo
pues no hay una cara
para verme
no piedra
para entender
el pasado que talló
la madre sin rostro
quien te vio nacer

24.

Venuses of life

The birth of love
lies here in the pelvis
of your hand
expansions of rituals
that behold
an instant
of eternity itself
mater of mothers
mothers of mater
returning life
to its bosom
far beyond
the stones
we have learned

Man
who has little known
himself as man
I have fed you
with all my heart
breast to breast
the living continuation
of yourself
the living destruction
of yourself
for there is not a face
to see myself
no stone
to understand
the past that carved
the faceless mother
who saw you born

25.

Canis lupus familiaris

Los mayores te depositaron sobre mis piernas
aprenderás de él afirmaron
perseverancia fidelidad fuerza amor
aprenderás a comprenderlo y
seguir la sabiduría de sus instintos
ya que tus conversaciones siempre
serán en silencio el silencio del corazón
temprano fueron los días cuando los ancestros
descubrieron tu poder sin fin de cazar
una fuerza de natura comprendiendo los rituales
de vida y muerte contenidos en el agarre
el constante agarre de tus mandíbulas furiosas
forjaste el bien más grande para el hombre
te mantuviste a su lado como un guerrero leal
sus enemigos se volvieron tus enemigos
sus amigos se volvieron tus amigos
y ahora te posas sobre mis piernas
bello y fuerte
he de llamarte
mi primer amigo
mi único amigo
he de descubrir
la pureza de tu
corazón

25.

Canis lupus familiaris

The elders placed you on my lap
you will learn from it they claimed
perseverance fidelity strength love
you will learn to understand it and
follow the wisdom of its instincts
for your conversations will always
be in silence the silence of the heart
early were the days when the ancestors
discovered your endless power to hunt
a force of nature understanding the rituals
of life and death contained in the grip
the constant grip of your furious jaws
you did the greatest good of all for man
you stood by his side like a loyal warrior
his enemies became your enemies
his friends became your friends
and now you lay on my lap
beautiful and strong
am I to call you
my first friend
my only friend
am I to discover
the purity of your
heart

26.

Koobi fora o ardenti igne

Nos calentaba
en largos días invernales
cocinaba nuestros alimentos
y alumbraba las vacías negras noches

Se convirtió en la estrella naranja
en la tierra
la luna brillante
del suelo

lo descubrimos por casualidad
o fue obsequio de los dioses
vino la invención
con la naturaleza

nos mantenía vivos
nos protegía de las bestias
de nosotros mismos
y del otro

las hogueras servían
para derretir la pesca congelada
para ayudarnos aventurar
a las tierras frías

al principio solamente una llama
solo luz y parpadeo
luego ascuas ardiendo profundamente
insaciables
esta cosa luminosa
es un sirviente peligroso
y un amo temeroso

26.

Koobi fora or ardenti igne

It kept us warm
on long winter days
cooked our foods
and lit empty black nights

it became the orange star
on earth
the bright moon
of the ground

did we discover it by chance
or was it given by the gods
did invention
come with nature

it kept us alive
protected us from the beasts
from each other
and the other

the hearths were there
to melt the frozen catch
to help us venture
to the cold lands

in the beginning only a flame
only light and flickering
then coals deep burning
and unquenchable
this luminous thing
is a dangerous servant
and a fearful master

27.

Alimentum

Nosotros los ancestrales cazadores
de antílopes y venados
devoradores de órganos
hígados riñones sesos
nosotros los antiguos recogedores
consumidores de frutas
y semillas
nosotros los distantes pescadores
de tiburones y anguilas
divagamos las tierras
nadamos las aguas
buscando el sustento
vasta fue la selección
y el hambre fue escasa
si los espíritus bestiales
estuvieron a nuestro lado
ganadería y cosecha
pronto llegarían
entonces y solo entonces
veríamos las enormes
hambrunas
llegar

27.

Alimentum

We the ancestral hunters
of antelopes and deer
devourers of organs
livers kidneys brains
we the ancient gatherers
eaters of fruits
and seeds
we the distant fishermen
of sharks and eels
roamed the lands
swam the waters
to fetch the food
vast was the selection
and hunger was scarce
if the animal spirits
were on our side
husbandry and harvest
were soon to come
then and only then
would we see the enormous
famines
arrive

28.

Flores Island

Aprendimos a cruzar las aguas
y traer pesca abundante a nuestra gente
arponeros de lanzas nos llamaban
y el hambre casi desapareció
los niños crecieron fuertes
y las mujeres se vieron fértiles
arpones besaban las aguas
de mares extranjeros
islas distantes parecieron cerca
tornándose en nuestros nuevos hogares
balsas penetraron las aguas
y las islas se multiplicaron
a nuestra vista
nos convertimos en marinos
amos de los mares

28.

Flores Island

We learned to cross the waters
and bring abundant fish to our people
spear throwers we were called spear
and hunger almost disappeared
the children grew stronger
and the women became fertile
harpoons kissed the waters
of foreign seas
distant islands seemed closer
they became our new homes
rafts pierced through the waters
and islands multiplied
to our sight
we came to be mariners
masters of the seas

29.

que suene la música
palmea las manos
resuena las piedras
percute los palos
que suene la música
tararea silba
imita los pájaros
emula el viento
que suene la música
retumba los tambores
sopla la flauta
descubre la voz
que suene la música
la palabra
el sonido viven juntos
en armonía de notas
que suene la música
bailamos
sincronizamos
trascendemos
que suene la música
no poseemos la tierra
somos parte de ella
por eso cantamos
que suene la música
rezamos por la dicha de todos
no solo de un individuo
el bienestar es uno
que suene la música
que suene la música

29.

let the music play
clap the hands
strike the stones
clack the sticks
let the music play
hum whistle
imitate the birds
emulate the winds
let the music play
beat the drums
sound the flute
discover the voice
let the music play
the word
the sound live together
in harmony of notes
let the music play
we dance
we synchronize
we transcend
let the music play
we do not own the earth
we are part of it
for this we chant
let the music play
we pray for the bliss of all
not for the individual
welfare is but one
let the music play
let the music play

30.

Égalité

Para sobrevivir
para evitar el hambre
tuvimos que ser iguales
nuestras mujeres fueron cazadoras
dianas de la flecha y el arco
su velocidad llevó animales prodigiosos
hacia un abismo de muerte inesperada
paridad fue la regla de hombres y mujeres
niños viejos e infantes aprendiendo a perdurar
las penurias de los viajes a punto de llegar

Nuestros niños niñas
mujeres y hombres
asegurando el fluir
del sustento por venir
tomaron decisiones en acuerdo
para dividir y compartir entre todos
esencial a nuestra frágil existencia
la paz siempre tuvo que prevalecer
fuimos los pocos los menos en número
fuimos los que ansiamos en sobrevivir

30.

Égalité

To survive
to avoid hunger
we had to be equals
our women were huntresses
dianas of the bow and arrow
their speed drove prodigious animals
into an abyss of unsuspected death
parity was the rule of men and women
children the old and infants learning to endure
the hardships of the journeys always ahead

Our boys girls
women and men
ensuring the flow
of the food to come
made concordant decisions
to divide and share among all
essential to our fragile existence
peacefulness had to always prevail
we were the few the outnumbered
we were the ones who hungered to survive

biographies

ROSA MENA VALENZUELA
Cover Artist

Rosa Mena Valenzuela fue una pintora salvadoreña nacida en 1913. Su trabajo inicial tiene influencia impresionista, pero pronto la influencia de su maestro Valero Lecha se deja ver en su colección de retratos expresionistas. En los años sesenta viaja a Europa y Oriente Medio. Esta experiencia se reflejó en su pintura volviéndola más lineal y espiritual con cierto sincretismo religioso que combina con influencias de la caligrafía árabe y estilo paleocristiano. Luego rompe con la pintura de caballete e hibrida el óleo con el grafito, los pasteles, lápices de color, pinturas industriales y hasta maquillaje junto a materiales industriales como retazos de telas, pinturas, hilos y papeles como soporte para crear nuevos collages. Su obra se expuso en Suramérica, Europa y Estados Unidos. En 1995 fue seleccionada por la Unesco para ilustrar la antología de Nicanor Parra. Años después viaja a España para participar en la inauguración de la muestra Iberoamérica Pinta. En el 2002 la Asamblea Legislativa la nombró pintora meritísima. El Museo de Arte de El Salvador tiene la mayor colección de sus obras, con 66 piezas de la artista.

Rosa Mena Valenzuela was a Salvadorian painter born in 1913. Her initial work exhibited impressionistic influence, but soon the influence of her teacher, Valero Lecha, showed in her collection of expressionist portraits. In the sixties she traveled to Europe and the Middle East. This experience is reflected in her painting, which became more lineal and spiritual with a certain religious syncretism that combines influences from Arab calligraphy and a paleo-Christian style. Later she breaks with easel painting and hybridizes oil with graphite, pastels, colored pencils, industrial paints, and even makeup together with industrial materials like remnants of fabric, paintings, strings, and papers as a base for new collages. Her work has been exhibited in South America, Europe, and the United States. In 1995 she was selected by UNESCO to illustrate an anthology by Nicanor Parra. Years later she traveled to Spain to participate in the inauguration of the exhibit Ibéroamerica Pinta. In 2002 the Legislative Assembly named her painter emeritus. The Museum of Art (Museo de Arte) of El Salvador has the largest collection of her works, with 66 pieces by the artist.

CARLOS MANUEL RIVERA
Prolegomenon

Carlos Manuel Rivera (Carboinael Rixema) es poeta, actor y performero, como también profesor universitario e investigador. Ha presentado su obra poética y teatral en Puerto Rico, España, México, República Dominicana, Chile, Perú, Argentina, Uruguay, Colombia y Estados Unidos. Obtuvo su grado doctoral en la Universidad Estatal de Arizona (2000). Ha publicado su poesía en varias revistas literarias. También ha publicado los siguientes libros: *Soplo mágicos disparates* (2003); *Teatro popular: El Nuevo Teatro Pobre de América de Pedro Santaliz* (2005); *Para que no se nos olvide. Ensayos de interpretación de un teatro puertorriqueño marginal* (Premio Internacional de Literatura del Instituto de Cultura Puertorriqueña, en ensayo) (2014); y *Bululú. Perfume y veneno* (2020). Además, grabó su CD de poemas y performances *ASI MI NATION* (2010). Actualmente es Catedrático de Español en Bronx Community College, City University of New York.

Carlos Manuel Rivera (Carboinael Rixema) is a poet, actor, and performer, as well as a university professor and researcher. He has presented his poetic and theatrical work in Puerto Rico, Spain, Mexico, the Dominican Republic, Chile, Peru, Argentina, Uruguay, Colombia, and the United States. He received his doctoral degree from Arizona State University (2000). He has published his poetry in various literary magazines. He has also published the following books: *Soplo mágicos disparates* (2003); *Teatro popular: El Nuevo Teatro Pobre de América de Pedro Santaliz* (2005); *Para que no se nos olvide. Ensayos de interpretación de un teatro puertorriqueño marginal* (International Literature Prize of the Instituto de Cultura Puertorriqueña, in essay) (2014); and *Bululú. Perfume y veneno* (2020). Additionally, he recorded a CD of poems and performances, *ASI MI NATION* (2010). Currently, he is a full professor of Spanish at Bronx Community College, City University of New York.

BRADLEY WARREN DAVIS
Translator

Bradley Warren Davis estudió en España y luego viajó a Cuba como intérprete. También ejerció la carrera de derecho como abogado bilingüe en Florida. De igual manera, trabajó como intérprete y traductor para instituciones académicas. Su interés por la literatura latinoamericana lo llevó a traducir autores Latinx que luego aparecerían en publicaciones en Estados Unidos y el extranjero. Bradley Warren Davis ha traducido cuatro libros de Benito Pastoriza Iyodo cuyos títulos en inglés son: *Hominis Aurora, Brothel of the Word, September Elegies*, y *A Matter of Men*. Él ha publicado tres ensayos claves sobre poética y traducción: "Against the Current: Identity and Social Consciousness in the Poetry of Benito Pastoriza Iyodo" publicado en la antología *Poesía hispana en los Estados Unidos*; "Translation of Poetry: Analysis, Conversion and Transference" publicado en la antología *La traducción en los Estados Unidos: teoría y práctica*; y "Translation as Bridge to the Other: Trump's Promise to the LGBTQ Community" publicado en *Exchanges: Journal of Literary Translation*.

Bradley Warren Davis studied in Spain and later traveled to Cuba as an interpreter. He also practiced law as a bilingual attorney in Florida. He worked as an interpreter and translator for academic institutions. His interest in Latin American literature led him to translate the works of Latinx authors which later appeared in publications in the US and abroad. Bradley Warren Davis has translated four books authored by Benito Pastoriza Iyodo: *Hominis Aurora, Brothel of the Word, September Elegies*, and *A Matter of Men*. He has published three key essays on poetics and translation: "Against the Current: Identity and Social Consciousness in the Poetry of Benito Pastoriza Iyodo" published in an anthology titled *Poesía hispana en los Estados Unidos*; "Translation of Poetry: Analysis, Conversion and Transference" published in the anthology titled *La traducción en los Estados Unidos: teoría y práctica*; and "Translation as Bridge to the Other: Trump's Promise to the LGBTQ Community" published by *Exchanges: Journal of Literary Translation*.

BENITO PASTORIZA IYODO
Poet

Benito Pastoriza Iyodo es un poeta, narrador y ensayista que ha vivido de manera prolongada en diferentes partes de los Estados Unidos y Puerto Rico: Filadelfia, Chicago, Nueva York, Houston, Santa Barbara CA, Miami FL, San Antonio TX, Columbus OH, San Juan PR, Saint Petersburg FL y en el presente, McAllen, Texas. Ha visitado unos cuarenta y dos países, en su mayoría hispanos. Este desplazamiento por el mundo se refleja en su obra: revisión de la historia universal, arte como arma de emergencia y permanencia, destrucción del planeta, problemática social a nivel internacional, los planteamientos del poder, discriminación, estudio de género, sexismo, racismo, homofobia, transfobia, esteticismo/ compromiso y el propósito filosófico del ser. Para el autor, la literatura es el constante fluir de la razón. Obtuvo sus grados académicos de la Universidad de Puerto Rico BA, Universidad de California (Santa Barbara) MA y la Universidad de Chicago, estudios doctorales. Libros publicados: *Gotas verdes para la ciudad*, *Lo coloro de lo incoloro*, *Cuestión de hombres*, *Cartas a la sombra de tu piel*, *Elegías de septiembre*, *El agua del paraíso*, *Nena, nena de mi corazón* y *Prostíbulo de la palabra*. Fue cofundador de revistas literarias especializadas en la publicación de literatura latina en los Estados Unidos. Incentivó poesía coreada en Filadelfia. Ha obtenido premios literarios de instituciones culturales en Estados Unidos, México, Uruguay, Puerto Rico, Argentina, Australia, España y Cuba. Su obra se ha publicado en español, inglés y portugués a través de unas sesenta revistas en el espacio de las Américas y Europa.

Benito Pastoriza Iyodo is a poet, narrator and essayist who has lived extensively in different parts of the United States and Puerto Rico: Philadelphia, Chicago, New York, Houston, Santa Barbara, CA; Miami, FL, San Antonio, TX; Columbus, OH; San Juan, PR; Saint Petersburg, FL; and at present, McAllen, Texas. He has visited some forty-two nations, including most Hispanic countries. These world travels are reflected in his works: the revision of universal history, art as a weapon of emergency and permanence, destruction of the planet,social issues on an international level, the propositions of power, discrimination, gender studies sexism, racism, homophobia, transphobia, aestheticism/commitment, and the philosophical purpose of being. For the author, literature is a constant flow of philosophical reasoning. He earned his bachelor's degree from the University of Puerto Rico and his MA from UC - Santa Barbara, with doctoral studies at the University of Chicago. Published books include: *Gotas verdes para la ciudad, Lo coloro de lo incoloro, Cuestión de hombres, Cartas a la sombra de tu piel, Elegías de septiembre, El agua del paraíso, Nena, nena de mi corazón,* and *Prostíbulo de la palabra.* He cofounded literary magazines specializing in publishing Latinx literature written in the US. He promoted poetry readings in Philadelphia. He has received many literary awards from cultural institutions in the US, Mexico, Uruguay, Puerto Rico, Argentina, Australia, Spain, and Cuba. His works have been published in Spanish, English, and Portuguese via some seventy journals in Europe and the Americas.

Contents

POETRY IN ENGLISH

CPSIA information can be obtained
at www.ICGtesting.com
Printed in the USA
JSHW020925190621
15971JS00001B/3